Table des matières

Arithmétique

Géométrie

Mesure

Probabilité

Statistique

▶ La représentation d'un nombre

On peut représenter un **nombre** de différentes façons.
Voici 3 façons de représenter le nombre 1246.

Signification des symboles
um : unité de mille
c : centaine
d : dizaine
u : unité

- Avec des chiffres, dans un **tableau de numération**

um	c	d	u
1	2	4	6

- Avec du **matériel en base 10**

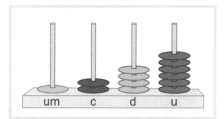

| um | c | d | u |

- Avec un **abaque**

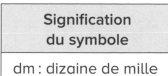

| um | c | d | u |

▶ La valeur de position dans un nombre (1)

Tous les nombres peuvent être représentés à l'aide
des 10 **chiffres** : ⓪ ① ② ③ ④ ⑤ ⑥ ⑦ ⑧ ⑨

La valeur d'un chiffre dans un nombre dépend
de sa position. En changeant de position, le chiffre
prend une valeur différente.

Signification du symbole
dm : dizaine de mille

dm	um	c	d	u
1	2	⑤	6	8

Le chiffre 5 est à la position
des centaines. Il vaut 500.

dm	um	c	d	u
1	0	3	⑤	4

Le chiffre 5 est à la position
des dizaines. Il vaut 50.

► La valeur de position dans un nombre (2)

Dans le nombre 12 568, le chiffre 5 est à la position des centaines. Il vaut 500.

dm	um	c	d	u
1	2	5	6	8

Cependant, le nombre 12 568 ne contient pas seulement 5 centaines, il en contient plutôt 125.

Pour savoir combien il y a de centaines dans un nombre sans en faire la représentation, il faut considérer le chiffre des centaines ainsi que tous les chiffres qui se trouvent à sa gauche.

dm	um	c	d	u
1	2	5	6	8

Dans le nombre 12 568,
il y a 125 centaines.

On fait la même chose pour savoir combien il y a d'unités, de dizaines, d'unités de mille ou de dizaines de mille dans un nombre.

dm	um	c	d	u
1	2	5	6	8

Dans le nombre 12 568,
il y a 12 568 unités.

dm	um	c	d	u
1	2	5	6	8

Dans le nombre 12 568,
il y a 1256 dizaines.

dm	um	c	d	u
1	2	5	6	8

Dans le nombre 12 568,
il y a 12 unités de mille.

dm	um	c	d	u
1	2	5	6	8

Dans le nombre 12 568,
il y a 1 dizaine de mille.

▶ La décomposition d'un nombre

Décomposer un nombre,
c'est l'exprimer sous une forme
équivalente à l'aide d'opérations.
On peut décomposer
un nombre de différentes
façons. Par exemple :

150

$100 + 10 + 10 + 10 + 10 + 10$

$100 + 30 + 20$

$100 + 50$

$200 - 50$

▶ La comparaison des nombres

On compare 2 nombres pour savoir s'ils sont
égaux, ou si l'un est **supérieur** ou **inférieur** à l'autre.
Les symboles =, > et < servent à comparer
des nombres.

Lorsqu'on compare 2 nombres, on commence par
les chiffres qui ont la plus grande valeur. Si les
chiffres qui ont la plus grande valeur sont égaux,
on passe au suivant (vers la droite).

Signification des symboles
= : est égal à
> : est supérieur à (ou est plus grand que)
< : est inférieur à (ou est plus petit que)

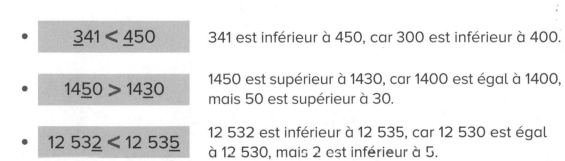

- 341 < 450 — 341 est inférieur à 450, car 300 est inférieur à 400.

- 1450 > 1430 — 1450 est supérieur à 1430, car 1400 est égal à 1400, mais 50 est supérieur à 30.

- 12 532 < 12 535 — 12 532 est inférieur à 12 535, car 12 530 est égal à 12 530, mais 2 est inférieur à 5.

▸ La multiplication – Les tables

La **multiplication** est l'opération mathématique qui permet de trouver le **produit** de 2 ou plusieurs nombres qu'on appelle des **facteurs**. Le symbole de la multiplication est × (se dit « multiplié par »).

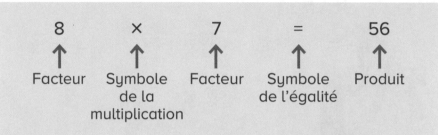

8	×	7	=	56
↑	↑	↑	↑	↑
Facteur	Symbole de la multiplication	Facteur	Symbole de l'égalité	Produit

Si l'on inverse les facteurs d'une multiplication, le produit reste le même.
8 × 7 = 56 ou 7 × 8 = 56

Une **table de multiplication** est un **tableau à double entrée** qui permet de trouver le produit de 2 nombres.

×	0	1	2	3	4	5	6	(7)	8	9	10
0	0	0	0	0	0	0	0	0	0	0	0
1	0	1	2	3	4	5	6	7	8	9	10
2	0	2	4	6	8	10	12	14	16	18	20
3	0	3	6	9	12	15	18	21	24	27	30
4	0	4	8	12	16	20	24	28	32	36	40
5	0	5	10	15	20	25	30	35	40	45	50
6	0	6	12	18	24	30	36	42	48	54	60
7	0	7	14	21	28	35	42	49	56	63	70
(8)	0	8	16	24	32	40	48	(56)	64	72	80
9	0	9	18	27	36	45	54	63	72	81	90
10	0	10	20	30	40	50	60	70	80	90	100

▶ La division

La **division** est l'opération mathématique qui permet de partager une quantité (le **dividende**) en un certain nombre de groupes égaux (le **diviseur**). Le résultat est le **quotient**. Le symbole de la division est ÷ (se dit « divisé par »).

> 15 billes partagées en 5 groupes égaux donnent 3 billes par groupe.

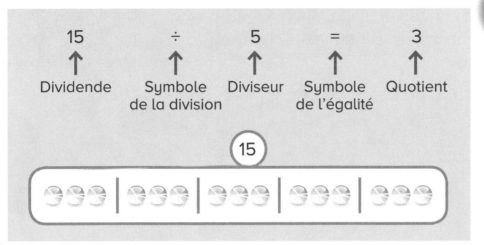

La division est l'**opération inverse** de la multiplication. Par exemple :

Division		Multiplication
15 ÷ 5 = 3	et	5 × 3 = 15

► L'addition des nombres à 4 chiffres

Additionner, c'est trouver la **somme** de 2 nombres (ou **termes**). Voici comment trouver la somme de 2 nombres à 4 chiffres.

On additionne, dans l'ordre, les unités, les dizaines, les centaines et les unités de mille. Si un résultat est supérieur à 9, on fait un échange. L'échange devient une **retenue**.

L'exemple suivant montre l'addition des nombres 3407 et 2885 en 4 étapes.

1					2					3					4			
Addition des unités (avec échange)					Addition des dizaines					Addition des centaines (avec échange)					Addition des unités de mille			
um	c	d	u		um	c	d	u		um	c	d	u		um	c	d	u
		1					1			1		1			1		1	
3	4	0	7		3	4	0	7		3	4	0	7		3	4	0	7
+ 2	8	8	5		+ 2	8	8	5		+ 2	8	8	5		+ 2	8	8	5
			2				9	2			2	9	2		6	2	9	2

► La soustraction des nombres à 4 chiffres

Soustraire, c'est trouver la **différence** entre 2 nombres.
Voici comment soustraire 2 nombres à 4 chiffres.

On soustrait, dans l'ordre, les unités, les dizaines, les centaines
et les unités de mille. Si nécessaire, on fait un échange. Il y a
alors un **emprunt**. Ainsi, on peut échanger 1 dizaine contre
10 unités ou 1 centaine contre 10 dizaines ou encore 1 unité
de mille contre 10 centaines.

L'exemple suivant montre la soustraction des nombres 4297
et 1582 en 4 étapes.

1	**2**	**3**	**4**
Soustraction des unités	Soustraction des dizaines	Soustraction des centaines (avec échange)	Soustraction des unités de mille

um	c	d	u		um	c	d	u		um	c	d	u		um	c	d	u
4	2	9	7		4	2	9	7		³4̸	¹2	9	7		³4̸	¹2	9	7
− 1	5	8	2		− 1	5	8	2		− 1	5	8	2		− 1	5	8	2
			5				1	5			7	1	5		2	7	1	5

Le cas du 0

Dans une soustraction, il y a parfois un 0 à la position où l'on
doit emprunter. Dans ce cas, il faut aller emprunter à la position
précédente.

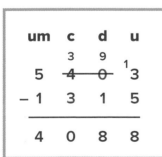

um	c	d	u
5	³4̸	⁹0̸	¹3
− 1	3	1	5
4	0	8	8

um	c	d	u
¹2̸	⁹0̸	⁹0̸	¹0
− 1	4	3	5
	5	6	5

► Les termes manquants

Un **terme manquant** est un nombre qu'on doit trouver dans une **équation** afin d'obtenir une égalité.

L'addition

Pour trouver le terme manquant dans une addition, <u>on utilise la soustraction</u>. Autrement dit, on fait l'opération inverse.

ou

La soustraction

Pour trouver le terme manquant dans une soustraction, <u>on utilise soit l'addition, soit la soustraction.</u>

Si le premier terme est manquant, on additionne.

Si le deuxième terme est manquant, on soustrait.

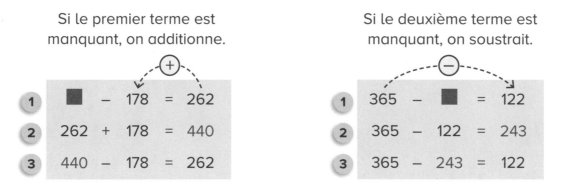

La multiplication

Pour trouver le terme manquant dans une multiplication, <u>on utilise la division</u>. Autrement dit, on fait l'opération inverse.

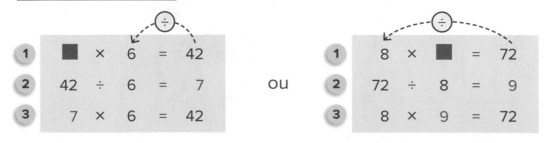

ou

► Les régularités numériques

Une **régularité numérique** est une suite de nombres qui suivent une règle.

On peut aussi dire qu'on fait des bonds de 100.

+ 100   + 100   + 100   + 100   + 100

1022   1122   1222   1322   1422   1522

Règle de la régularité : + 100

On peut créer une régularité à l'aide de différentes opérations mathématiques.

+ 10   − 5   + 10   − 5   − 5

75   85   80   90   85   95   90

Règle de la régularité : + 10   − 5

× 2   × 2   × 2   × 2   × 2

3   6   12   24   48   96

Règle de la régularité : × 2

► La multiplication

La **multiplication** est l'opération mathématique qui permet de trouver le **produit** de 2 ou plusieurs **facteurs**. On peut utiliser du matériel en base 10 pour représenter une multiplication.

Par exemple : 32 × 4

1. On représente la multiplication en répétant 4 fois le nombre 32.

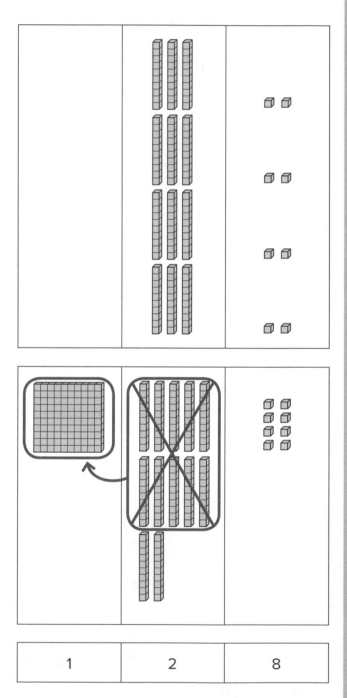

2. On additionne les unités, puis les dizaines. Si un résultat est supérieur à 9, on fait un échange. Dans cet exemple, on échange 10 dizaines contre 1 centaine.

3. Le résultat obtenu est le produit.
   32 × 4 = 128

1	2	8

► Les fractions

Une **fraction** représente une ou plusieurs **parties équivalentes** d'un **tout**. Ce tout peut être un seul objet (un **entier**) ou un ensemble d'objets (une **collection**). Une fraction se compose d'un **numérateur** et d'un **dénominateur**.

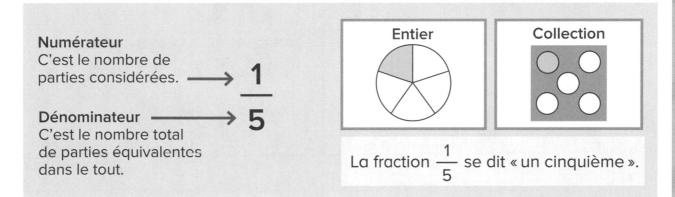

Numérateur
C'est le nombre de parties considérées. ⟶ $\dfrac{1}{5}$

Dénominateur ⟶
C'est le nombre total de parties équivalentes dans le tout.

Entier   Collection

La fraction $\dfrac{1}{5}$ se dit « un cinquième ».

Voici d'autres exemples.

Fraction	Entier	Collection	Se dit...
$\dfrac{1}{2}$			un demi ou une demie
$\dfrac{2}{3}$			deux tiers
$\dfrac{3}{4}$			trois quarts
$\dfrac{5}{6}$			cinq sixièmes

► La comparaison de fractions

- Lorsque les entiers sont identiques et que <u>les fractions ont le même dénominateur</u>, il suffit de comparer les numérateurs.

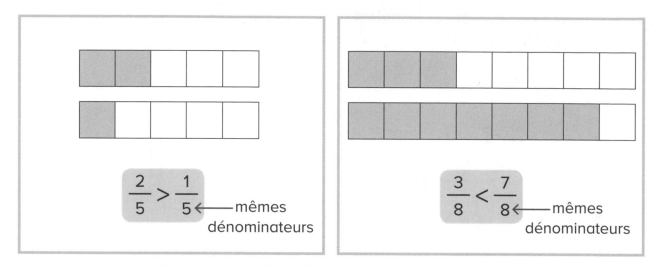

$$\frac{2}{5} > \frac{1}{5}$$ ← mêmes dénominateurs

$$\frac{3}{8} < \frac{7}{8}$$ ← mêmes dénominateurs

2 fractions qui ont le même dénominateur
ont le même nombre de parties.

- Lorsque les entiers sont identiques, mais que <u>les dénominateurs sont différents</u>, on peut les représenter pour les comparer.

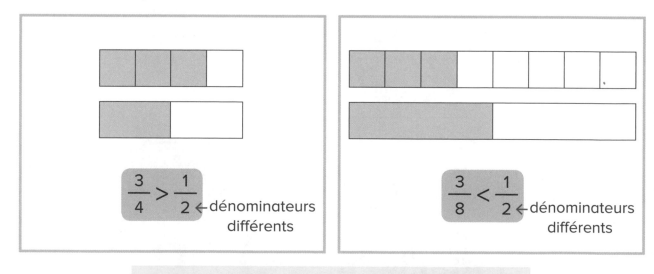

$$\frac{3}{4} > \frac{1}{2}$$ ← dénominateurs différents

$$\frac{3}{8} < \frac{1}{2}$$ ← dénominateurs différents

2 fractions qui ont des dénominateurs différents
n'ont pas le même nombre de parties.

▶ Le nombre décimal

Un **nombre décimal** est un nombre qui contient 2 parties : une partie entière et une partie fractionnaire.

- La partie entière doit contenir au moins 1 chiffre. Lorsque sa valeur est nulle, on écrit 0.

- La valeur des chiffres de la partie fractionnaire dépend de leur position. Le premier chiffre à droite de la virgule représente les **dixièmes**. Le deuxième chiffre à droite de la virgule représente les **centièmes**.

Partie entière			Partie fractionnaire	
Centaines	Dizaines	Unités	Dixièmes	Centièmes
		0,	7	5
	3	0,	4	

On ne met pas de 0 lorsqu'il n'y a pas de centièmes.

0,75 peut aussi s'écrire : $\dfrac{75}{100}$, et on dit « soixante-quinze centièmes ».

30,4 peut aussi s'écrire : $30\,\dfrac{4}{10}$, et on dit « trente et quatre dixièmes ».

On peut représenter les nombres décimaux à l'aide d'une droite numérique.

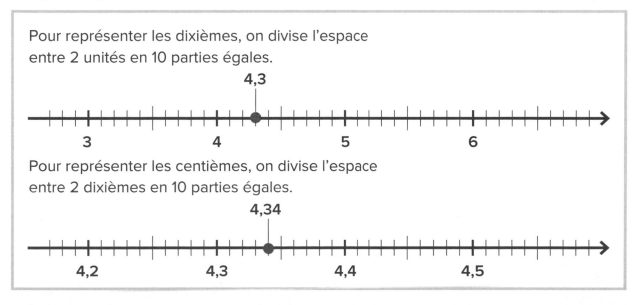

Pour représenter les dixièmes, on divise l'espace entre 2 unités en 10 parties égales.

Pour représenter les centièmes, on divise l'espace entre 2 dixièmes en 10 parties égales.

▶ La monnaie et les nombres décimaux

On utilise souvent les nombres décimaux dans la vie quotidienne. C'est le cas, par exemple, lorsqu'on se sert de la monnaie.

- Une pièce de 1 ¢ vaut $\frac{1}{100}$ de 1 $. C'est pourquoi on peut écrire 1 ¢ ou 0,01 $.

- Une pièce de 10 ¢ vaut $\frac{1}{10}$ de 1 $. C'est pourquoi on peut écrire 10 ¢ ou 0,10 $.

On peut représenter 2,43 $ de la façon suivante.

Unités	Dixièmes	Centièmes
2,	4	3
1$ 1$	10¢ 10¢ 10¢ 10¢	1¢ 1¢ 1¢

Lorsqu'on écrit des sommes d'argent, il faut toujours placer un chiffre à la position des centièmes. Par exemple, il faut écrire 3,40 $ et non 3,4 $.

> On dit « deux dollars et quarante-trois cents ».

► La division

La **division** est l'opération mathématique qui permet de partager une quantité (le **dividende**) en un certain nombre de groupes égaux (le **diviseur**). Le résultat est le **quotient**. Le symbole de la division est ÷ (se dit « divisé par »).

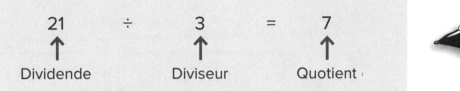

21 ÷ 3 = 7

Dividende   Diviseur   Quotient

On peut représenter la division avec du matériel en base 10. Par exemple : 212 ÷ 2.

- On représente 212.

- On tente de faire 2 groupes égaux. Il reste 1 dizaine.

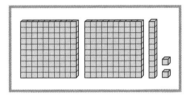

- On échange 1 dizaine contre 10 unités. On procède à nouveau au partage.

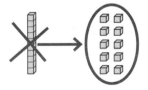

Chaque groupe contient une représentation du nombre 106.   212 ÷ 2 = 106

► La division avec reste

Diviser, c'est partager une quantité en un certain nombre de groupes égaux. Parfois, le résultat d'une division n'est pas un nombre naturel. Il peut y avoir un **reste** sous forme de fraction.

On peut représenter cette situation avec du matériel en base 10. Par exemple : 271 ÷ 2 .

- On représente 271.

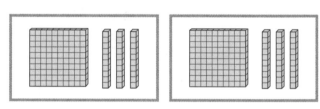

- On tente de faire 2 groupes égaux. Il reste 1 dizaine et 1 unité.

- On échange 1 dizaine contre 10 unités. On répartit les unités.

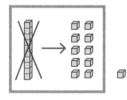

- Il reste 1 unité. On divise l'unité en 2. On obtient des demies (ou moitiés). On répartit les demies.

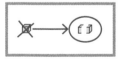

Chaque groupe contient une représentation de $135\dfrac{1}{2}$.

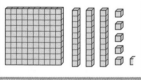
$$271 ÷ 2 = 135\dfrac{1}{2}$$

▶ Les fractions équivalentes

Les **fractions équivalentes** sont des fractions qui représentent la même valeur par rapport à un tout. Ce **tout** peut être un **entier** ou une **collection**.

Fractions équivalentes dans un entier

$\frac{1}{2}$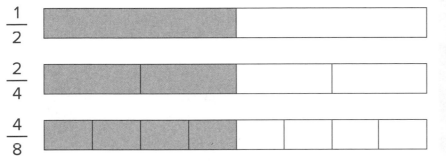

$\frac{2}{4}$

$\frac{4}{8}$

Les fractions $\frac{1}{2}$, $\frac{2}{4}$ et $\frac{4}{8}$ sont équivalentes, car elles représentent toutes la même surface (la moitié du tout).

Fractions équivalentes dans une collection

Il y a 4 billes rouges dans ce sac de 16 billes.

On peut dire que les 4 billes rouges représentent :

- 1 groupe sur 4 $\frac{1}{4}$

- 2 groupes sur 8 $\frac{2}{8}$

- 4 groupes sur 16 $\frac{4}{16}$

Les fractions $\frac{1}{4}$, $\frac{2}{8}$ et $\frac{4}{16}$ sont équivalentes, car elles représentent toutes le même nombre de billes (4 billes sur 16).

▶ L'addition et la soustraction des nombres décimaux

On **additionne** et on **soustrait** les **nombres décimaux** de la même manière que les nombres naturels. Il faut cependant porter une attention particulière aux points suivants :

- bien aligner les chiffres selon leur valeur de position ;
- bien aligner les virgules ;
- s'assurer de reporter la virgule dans le résultat.

Voici quelques exemples.

Rappelle-toi :
24,59
Dixièmes   Centièmes

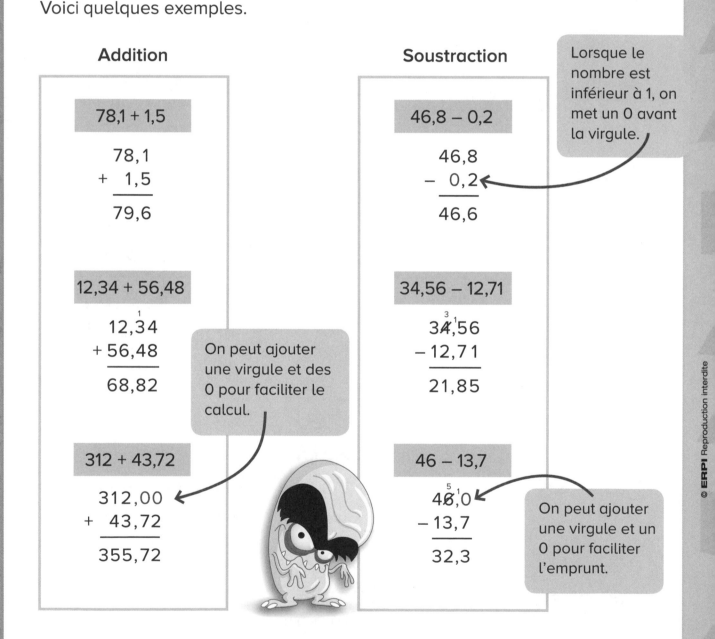

Addition

$$78,1 + 1,5$$

$$\begin{array}{r} 78,1 \\ +\ 1,5 \\ \hline 79,6 \end{array}$$

$$12,34 + 56,48$$

$$\begin{array}{r} 12,\overset{1}{3}4 \\ +56,48 \\ \hline 68,82 \end{array}$$

On peut ajouter une virgule et des 0 pour faciliter le calcul.

$$312 + 43,72$$

$$\begin{array}{r} 312,00 \\ +\ 43,72 \\ \hline 355,72 \end{array}$$

Soustraction

$$46,8 - 0,2$$

$$\begin{array}{r} 46,8 \\ -\ 0,2 \\ \hline 46,6 \end{array}$$

Lorsque le nombre est inférieur à 1, on met un 0 avant la virgule.

$$34,56 - 12,71$$

$$\begin{array}{r} 3\overset{3}{\cancel{4}}{,}\overset{1}{5}6 \\ -12,71 \\ \hline 21,85 \end{array}$$

$$46 - 13,7$$

$$\begin{array}{r} 4\overset{5}{\cancel{6}}{,}\overset{1}{0} \\ -13,7 \\ \hline 32,3 \end{array}$$

On peut ajouter une virgule et un 0 pour faciliter l'emprunt.

► La multiplication

Il existe une méthode pour **multiplier** un **facteur** par un autre facteur afin de trouver leur **produit**. Cette méthode peut être représentée avec du **matériel en base 10**. Voici comment trouver le produit de 145×2 à l'aide de cette méthode.

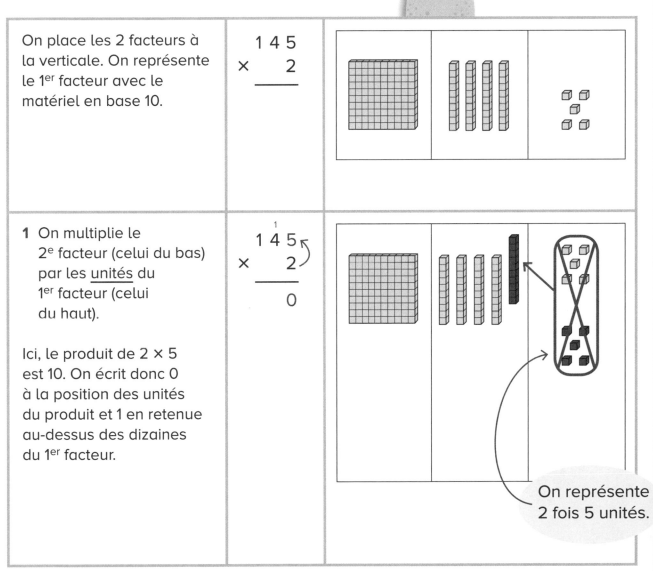

On place les 2 facteurs à la verticale. On représente le 1er facteur avec le matériel en base 10.	$\begin{array}{r} 1\ 4\ 5 \\ \times\quad 2 \\ \hline \end{array}$	
1 On multiplie le 2e facteur (celui du bas) par les <u>unités</u> du 1er facteur (celui du haut). Ici, le produit de 2 × 5 est 10. On écrit donc 0 à la position des unités du produit et 1 en retenue au-dessus des dizaines du 1er facteur.	$\begin{array}{r} \overset{1}{1}\ 4\ 5 \\ \times\quad 2 \\ \hline 0 \end{array}$	On représente 2 fois 5 unités.

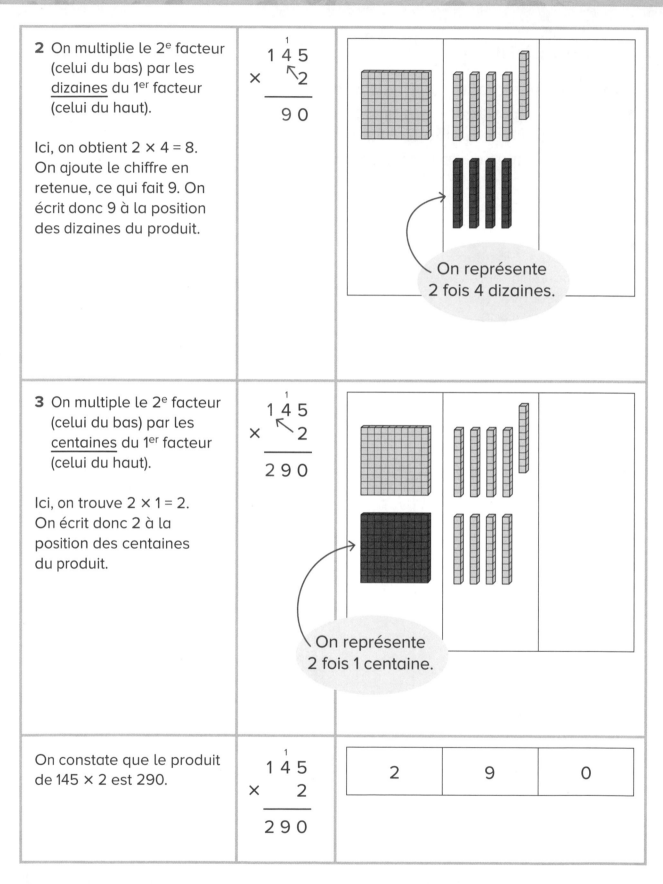

2 On multiplie le 2ᵉ facteur (celui du bas) par les <u>dizaines</u> du 1ᵉʳ facteur (celui du haut).

Ici, on obtient 2 × 4 = 8. On ajoute le chiffre en retenue, ce qui fait 9. On écrit donc 9 à la position des dizaines du produit.

$$\begin{array}{r} 1\ \overset{1}{4}\ 5 \\ \times\quad 2 \\ \hline 9\ 0 \end{array}$$

On représente 2 fois 4 dizaines.

3 On multiple le 2ᵉ facteur (celui du bas) par les <u>centaines</u> du 1ᵉʳ facteur (celui du haut).

Ici, on trouve 2 × 1 = 2. On écrit donc 2 à la position des centaines du produit.

$$\begin{array}{r} 1\ \overset{1}{4}\ 5 \\ \times\quad 2 \\ \hline 2\ 9\ 0 \end{array}$$

On représente 2 fois 1 centaine.

On constate que le produit de 145 × 2 est 290.

$$\begin{array}{r} 1\ \overset{1}{4}\ 5 \\ \times\quad 2 \\ \hline 2\ 9\ 0 \end{array}$$

2	9	0

► L'arrondissement des nombres naturels

Arrondir un nombre, c'est le remplacer par une valeur rapprochée. Par exemple, on peut arrondir un nombre à la dizaine, à la centaine ou à l'unité de mille près.

Arrondir à l'aide d'une droite numérique

Par exemple, pour arrondir un nombre à la centaine près, on le remplace par le nombre qui correspond à la centaine la plus près.

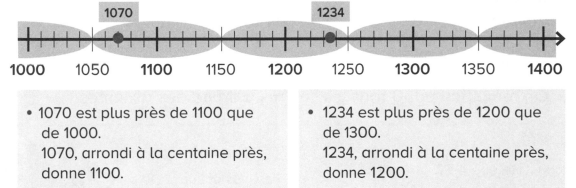

- 1070 est plus près de 1100 que de 1000.
  1070, arrondi à la centaine près, donne 1100.

- 1234 est plus près de 1200 que de 1300.
  1234, arrondi à la centaine près, donne 1200.

Arrondir étape par étape

Il existe une méthode pour arrondir sans utiliser la droite numérique. Voici comment arrondir 1234 <u>à la centaine près</u> à l'aide de cette méthode.

---

❶ On observe le chiffre placé à droite du chiffre des centaines.

❷ Si le chiffre à droite des centaines est inférieur à 5, on laisse le chiffre des centaines tel quel.

Si ce chiffre avait été égal ou supérieur à 5, on aurait augmenté de 1 le chiffre des centaines.

❸ On remplace par 0 tous les chiffres à droite des centaines.

On constate que 1234, arrondi à la centaine près, donne 1200.

► L'arrondissement des nombres décimaux

Arrondir un nombre, c'est le remplacer par une valeur rapprochée. On arrondit les **nombres décimaux** de la même manière que les nombres naturels. Par exemple, on peut arrondir un nombre décimal à l'unité ou au dixième près.

Voici comment arrondir 4,57 <u>au dixième près</u>.

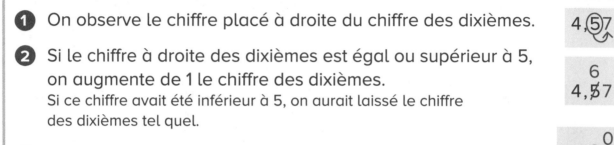

1 On observe le chiffre placé à droite du chiffre des dixièmes.

$4,\!\overset{\curvearrowright}{5}7$

2 Si le chiffre à droite des dixièmes est égal ou supérieur à 5, on augmente de 1 le chiffre des dixièmes.
Si ce chiffre avait été inférieur à 5, on aurait laissé le chiffre des dixièmes tel quel.

$4,\!\overset{6}{5}7$

3 On remplace par 0 tous les chiffres à droite des dixièmes.

$4,\!6\overset{0}{7}$

On constate que 4,57, arrondi au dixième près, donne 4,60 ou 4,6.

Ici, on n'est pas obligé d'écrire 0 quand il n'y a pas de centième.

► Les nombres composés

Un **nombre composé** est un nombre qu'on peut représenter
par des groupes égaux de 2 objets ou plus.

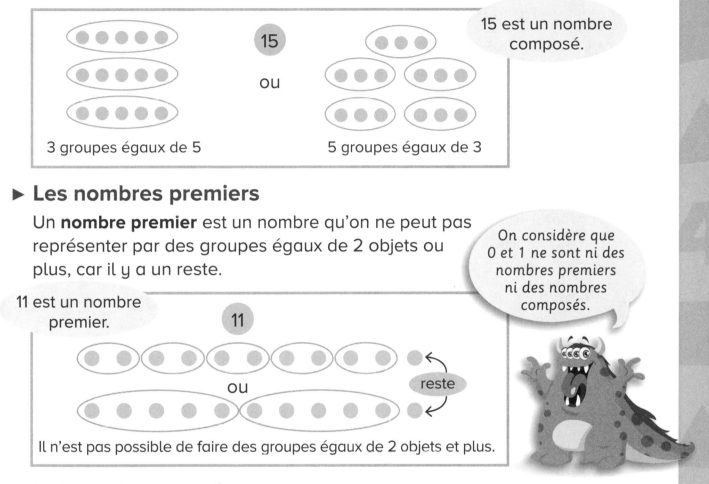

15 est un nombre composé.

3 groupes égaux de 5   5 groupes égaux de 3

► Les nombres premiers

Un **nombre premier** est un nombre qu'on ne peut pas
représenter par des groupes égaux de 2 objets ou
plus, car il y a un reste.

On considère que
0 et 1 ne sont ni des
nombres premiers
ni des nombres
composés.

11 est un nombre premier.

11

ou

reste

Il n'est pas possible de faire des groupes égaux de 2 objets et plus.

► Les nombres carrés

Un **nombre carré** est un nombre qui possède 2 facteurs
identiques. On peut le représenter à l'aide d'un carré dont les
côtés ont le même nombre de carrés-unités que ce facteur.

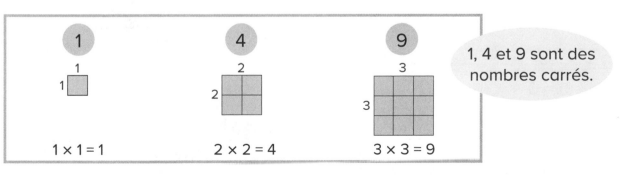

1, 4 et 9 sont des nombres carrés.

$1 \times 1 = 1$ $2 \times 2 = 4$ $3 \times 3 = 9$

▶ Les facteurs premiers

Un **facteur** est un nombre qu'on multiplie par un autre nombre pour obtenir un produit. S'il s'agit d'un nombre premier, on dit que c'est un **facteur premier**.

On peut décomposer un nombre en facteurs premiers à l'aide d'un arbre des facteurs.

> Rappelle-toi : 1 n'est pas un nombre premier.

Voici comment procéder :

- on trouve 2 facteurs du nombre ;
- si possible, on trouve 2 facteurs pour chaque facteur obtenu ;
- on continue ainsi jusqu'à ce que tous les nombres obtenus soient des nombres premiers.

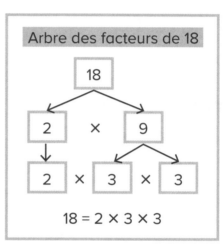

Arbre des facteurs de 18

$$18 = 2 \times 3 \times 3$$

Par exemple, la décomposition de 18 en facteurs premiers donne : $2 \times 3 \times 3$.

▶ Les multiples

Un nombre est un **multiple** d'un autre nombre s'il contient ce nombre exactement 0, 1 ou plusieurs fois.

Par exemple, 12 est un multiple de 6, car 12 contient exactement 2 fois le nombre 6 ($6 \times 2 = 12$). Pour trouver les multiples d'un nombre, on le multiplie par 0, 1, 2, 3, 4 et ainsi de suite.

> 0 est un multiple de tous les nombres puisque tous les nombres multipliés par 0 donnent 0.

Les 6 premiers multiples de 6 sont donc :

0, 6, 12, 18, 24 et 30

$6 \times 0 = 0$	$6 \times 1 = 6$	$6 \times 2 = 12$
$6 \times 3 = 18$	$6 \times 4 = 24$	$6 \times 5 = 30$

▶ Les expressions équivalentes

Les **expressions équivalentes** sont 2 ou plusieurs séries d'opérations correspondant au même résultat.

Par exemple, les expressions ci-contre sont équivalentes, car elles ont toutes 60 comme résultat.

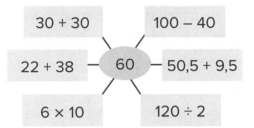

▶ Les égalités et les inégalités

On peut placer le symbole « = » entre 2 expressions équivalentes. On obtient ainsi une **égalité**.

Par exemple : $30 + 30 = 100 - 40$

Signification des symboles
= : est égal à
≠ : n'est pas égal à

Lorsque 2 ou plusieurs séries d'opérations n'ont pas le même résultat, on peut placer le symbole « ≠ » entre elles. On obtient ainsi une **inégalité**.

Par exemple : $30 + 30 \neq 100 - 10$

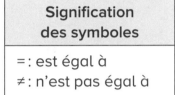

▶ Le nombre décimal et la fraction

Un **nombre décimal** contient 2 parties : une partie entière et une partie fractionnaire. Ces 2 parties sont séparées par une virgule.

Par exemple :

Partie entière	Partie fractionnaire	
Unité	Dixièmes	Centièmes
0,	7	6

Ici, la partie fractionnaire indique le nombre de parties sur 100.

On peut écrire un nombre décimal sous la forme d'une **fraction**.

Par exemple, 0,76 peut s'écrire $\frac{76}{100}$.   On dit « soixante-seize centièmes ».

▶ La fraction et le pourcentage

Lorsque le dénominateur d'une fraction est 100, on peut aussi l'écrire sous la forme d'un **pourcentage**.

Par exemple, $\frac{76}{100}$ peut s'écrire 76 %.   On dit « soixante-seize pour cent ».

On peut représenter un pourcentage à l'aide de carrés-unités.

Par exemple :

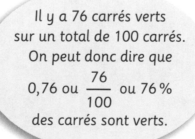

Il y a 76 carrés verts sur un total de 100 carrés. On peut donc dire que

0,76 ou $\frac{76}{100}$ ou 76 % des carrés sont verts.

▶ La figure symétrique

Une **figure symétrique** forme 2 parties identiques lorsqu'on la plie en 2. La ligne le long de laquelle on peut plier la figure s'appelle l'**axe de réflexion**. Une figure symétrique peut avoir un seul axe de réflexion ou plusieurs.

Dans une figure, l'axe de réflexion peut aussi porter le nom d'axe de symétrie.

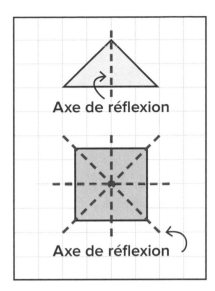

Axe de réflexion

Axe de réflexion

▶ La réflexion

La **réflexion** est une transformation géométrique. Elle permet d'obtenir l'image d'une figure. La ligne qui sépare la figure et son image s'appelle l'axe de réflexion.

La figure et son image sont à la même distance de l'axe de réflexion. Elles ont la même forme et la même taille. Seule leur orientation est inversée, comme dans un miroir.

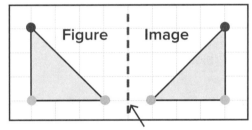

Figure   Image

Axe de réflexion

▶ Le dallage

Un **dallage** est un assemblage de figures géométriques qui recouvrent une surface.

Dans un dallage :
- il n'y a aucun espace libre entre les figures ;
- les figures ne sont jamais superposées ;
- il peut y avoir une régularité.

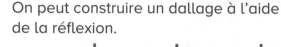

Régularité

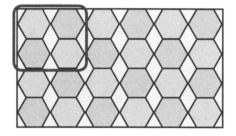

On peut construire un dallage à l'aide de la réflexion.

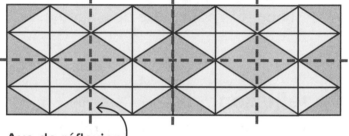

Axe de réflexion

▶ Le plan cartésien

Un **plan** est un **système de repérage** qui permet de situer un objet, un lieu ou un point.

Pour situer un point de façon précise, on peut utiliser un plan cartésien. Le **plan cartésien** est formé de 2 axes : un axe horizontal et un axe vertical. Dans un plan cartésien, chaque point est représenté par un **couple de nombres**.

Pour noter un couple, on commence par le nombre situé sur l'axe horizontal.

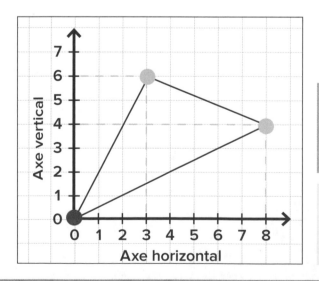

En reliant les points des couples (3, 6), (0, 0) et (8, 4), on voit apparaître un triangle.

Le couple qui correspond au point de rencontre de l'axe horizontal et de l'axe vertical est (0, 0). On le nomme « **origine** ».

► Les angles

Un **angle** est formé par 2 droites qui se rencontrent.
Il existe différentes sortes d'angles.

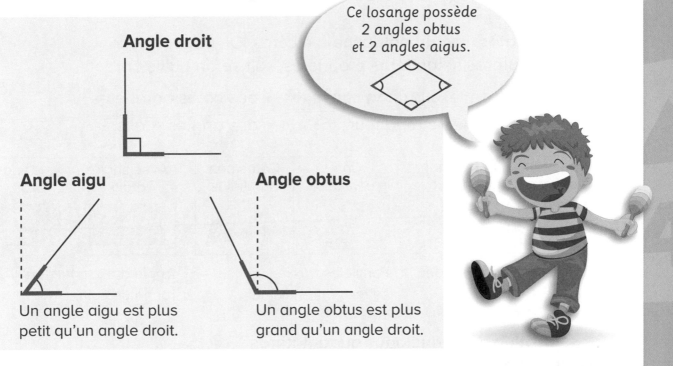

Angle droit

Ce losange possède
2 angles obtus
et 2 angles aigus.

Angle aigu

Un angle aigu est plus
petit qu'un angle droit.

Angle obtus

Un angle obtus est plus
grand qu'un angle droit.

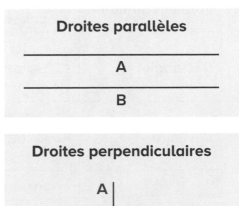

► Les droites parallèles et les droites perpendiculaires

Les **droites parallèles** sont des droites
qui ne se rencontrent jamais, même si
on les prolonge.

Dans l'expression A // B, le symbole //
indique que la droite A est
parallèle à la droite B.

Les **droites perpendiculaires** sont des
droites qui forment un angle droit lorsqu'elles
se rencontrent.

Dans l'expression A ⊥ B, le symbole ⊥
indique que la droite A est perpendiculaire
à la droite B.

Signification des symboles
// : est parallèle à
⊥ : est perpendiculaire à

Droites parallèles

A

B

Droites perpendiculaires

A

B

► Les polygones et les quadrilatères

Un **polygone** est une figure plane formée d'une ligne brisée et fermée. Un polygone possède plusieurs côtés.

Un **quadrilatère** est un polygone à 4 côtés. On peut classer les quadrilatères selon leurs propriétés, soit selon qu'ils ont :

- une forme **convexe** ou **non convexe** ;
- des côtés de même longueur ;
- des côtés parallèles ;
- des angles droits.

Forme convexe	Forme non convexe

Convexe : qui ne possède aucun côté rentrant.

Côtés parallèles	Côtés non parallèles

Parallèles : droites qui ne se rencontrent jamais.

Avec angles droits	Sans angle droit

Angle droit : angle en forme de coin.

Classification des principaux quadrilatères

Nom	Caractéristiques	Exemple
Trapèze	• polygone convexe • au moins 1 paire de côtés parallèles	
Parallélogramme	• polygone convexe • 2 paires de côtés parallèles et de même longueur	
Rectangle	• polygone convexe • 2 paires de côtés parallèles et de même longueur • 4 angles droits	
Losange	• polygone convexe • 2 paires de côtés parallèles • 4 côtés de même longueur	
Carré	• polygone convexe • 2 paires de côtés parallèles • 4 côtés de même longueur • 4 angles droits	

► La classification des solides

Un **solide** est une figure géométrique à 3 dimensions. On peut classer les solides en 2 catégories : les corps ronds et les polyèdres.

- Les **corps ronds** possèdent au moins une face courbe. Par exemple : les cônes, les cylindres et les boules.

- Les **polyèdres** n'ont que des faces planes. Les **prismes** et les **pyramides** sont des polyèdres. Ils se distinguent par le nombre de faces, d'arêtes et de sommets qu'ils possèdent.

Polyèdres

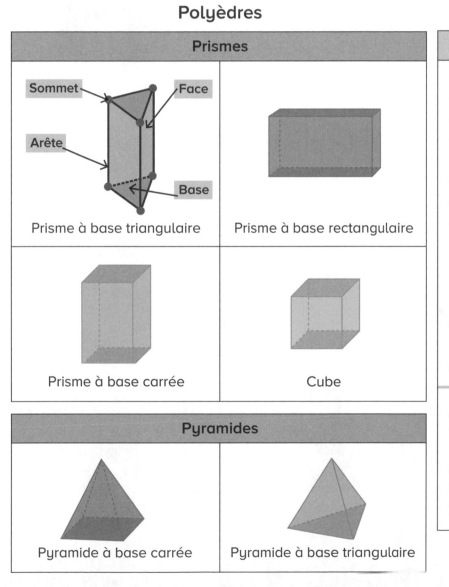

Prismes

Sommet · Face

Arête

Base

Prisme à base triangulaire

Prisme à base rectangulaire

Prisme à base carrée

Cube

Pyramides

Pyramide à base carrée

Pyramide à base triangulaire

Signification des mots

Prisme : polyèdre formé de 2 faces identiques et parallèles qu'on appelle « bases ». Les autres faces sont des parallélogrammes (4 côtés et 2 paires de côtés parallèles).

Pyramide : polyèdre qui ne possède qu'une seule base. Les autres faces sont des triangles qui se rejoignent en un même sommet.

Arête : segment à l'intersection de 2 faces.

Sommet : point à l'intersection d'au moins 2 arêtes.

► Le développement d'un solide

Le **développement d'un solide** permet d'observer toutes les faces de ce solide sur un même plan (en 2 dimensions). C'est comme si on le dépliait.

Prisme à base carrée

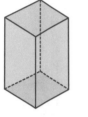
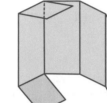
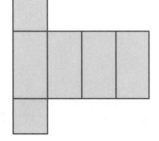

Un prisme à base carrée possède 6 faces : 2 carrés et 4 rectangles.

► Les unités de mesure de longueur

Le **mètre (m)** est l'unité de base pour mesurer les longueurs. On peut partager le mètre en parties égales pour obtenir des **décimètres (dm)**, des **centimètres (cm)** ou des **millimètres (mm)**.

1 m = 10 dm
1 m = 100 cm
1 m = 1000 mm

L'unité de mesure de longueur employée dépend de l'objet à mesurer. Par exemple :

• on mesure la taille d'une personne en m ou en cm ;
• on mesure la longueur d'un crayon en cm ou en dm ;
• on mesure la largeur d'un crayon en mm ou en cm.

Pour passer d'une unité de mesure de longueur à une autre, on peut utiliser un tableau comme celui-ci.

Mètres (m)	Décimètres (dm)	Centimètres (cm)	Millimètres (mm)
2	3	1	4
2	3	1,	4
2	3,	1	4
2,	3	1	4

On place la virgule après l'unité de mesure choisie.

Par exemple, pour savoir combien il y a de centimètres dans 2314 millimètres :

• on place le nombre dans le tableau ;
• on trouve le chiffre qui se trouve à la position des centimètres ;
• on place la virgule après ce chiffre.

Le tableau permet de constater que :

2314 mm = 231,4 cm = 23,14 dm = 2,314 m (ou 2,31 m)

► Le périmètre

Le **périmètre** est la longueur totale du contour d'une figure plane.

Pour trouver le périmètre d'une figure, il faut additionner les longueurs de chacun de ses côtés.

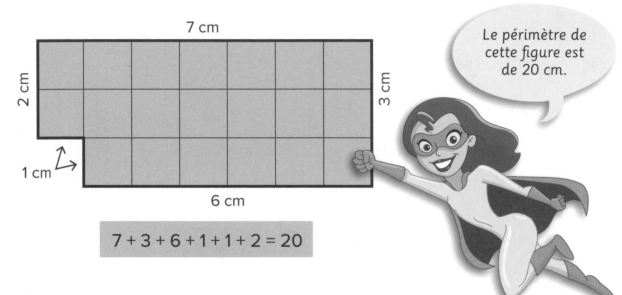

Le périmètre de cette figure est de 20 cm.

$$7 + 3 + 6 + 1 + 1 + 2 = 20$$

► L'aire

L'aire est la mesure de la surface d'une figure.

Pour trouver l'aire d'une figure, il faut d'abord choisir une unité de mesure. Ensuite, on compte combien de fois il faut répéter cette unité de mesure pour recouvrir toute la surface.

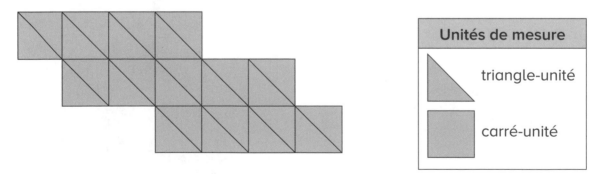

Unités de mesure
triangle-unité
carré-unité

L'aire de cette figure est de 26 triangles-unités ou de 13 carrés-unités.

▶ L'heure et la durée

Pour connaître l'**heure**, on consulte une horloge, un réveil ou une montre. Ce sont tous des instruments de mesure du temps.

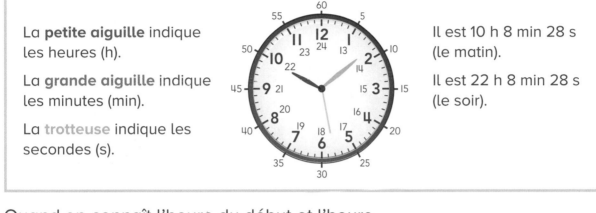

La **petite aiguille** indique les heures (h).

La **grande aiguille** indique les minutes (min).

La **trotteuse** indique les secondes (s).

Il est 10 h 8 min 28 s (le matin).

Il est 22 h 8 min 28 s (le soir).

Quand on connaît l'heure du début et l'heure de la fin d'une activité, on peut calculer sa durée.

- Une activité qui commence à 9 h 15 et qui se termine à 9 h 30 dure 15 minutes.

- Une activité qui commence à 6 h 45 et qui se termine à 7 h 15 dure 30 minutes.

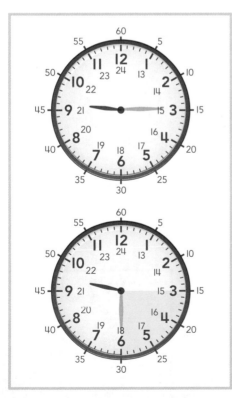

Chaque fois que la grande aiguille croise le nombre 12, on passe à l'heure suivante.

▶ Le volume

Le **volume** est l'espace occupé par un solide. L'espace comporte 3 dimensions : la longueur, la largeur et la hauteur. On peut mesurer le volume en cubes-unités.

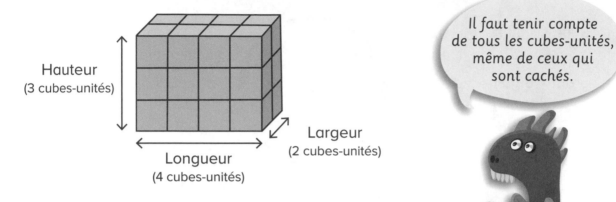

Hauteur
(3 cubes-unités)

Largeur
(2 cubes-unités)

Longueur
(4 cubes-unités)

> Il faut tenir compte de tous les cubes-unités, même de ceux qui sont cachés.

Le volume de ce solide est de 24 cubes-unités.

▶ La capacité

La **capacité** est la quantité de matière qu'un objet peut contenir. La matière mesurée est souvent un liquide. On peut mesurer la capacité en **litres (l)** ou en **millilitres (ml)**.

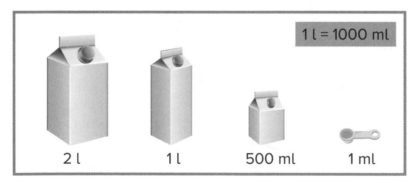

1 l = 1000 ml

2 l   1 l   500 ml   1 ml

▶ La masse

La **masse** est la quantité de matière d'un objet. Plus la masse est grande, plus l'objet est lourd. On peut mesurer la masse en **kilogrammes (kg)** ou en **grammes (g)**.

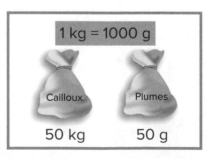

1 kg = 1000 g

Cailloux   Plumes

50 kg   50 g

▶ La probabilité

Le résultat de certaines expériences est **aléatoire**, c'est-à-dire qu'il est lié au **hasard**. La **probabilité** décrit la possibilité qu'un résultat se produise.

- Dans les expériences liées au hasard, un résultat peut être <u>impossible</u>, <u>possible</u> ou <u>certain</u>.

- Lorsqu'un résultat est possible, il peut être <u>moins probable</u>, <u>également probable</u> ou <u>plus probable</u> qu'un autre résultat.

On peut représenter ces différents résultats sur une droite des probabilités.

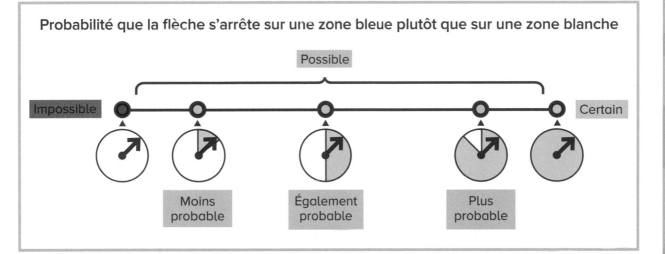

Probabilité que la flèche s'arrête sur une zone bleue plutôt que sur une zone blanche

Possible

Impossible · Moins probable · Également probable · Plus probable · Certain

► Le diagramme en arbre

Un **diagramme en arbre** permet de représenter tous les résultats possibles d'une expérience liée au hasard.

Ce sont les billes qui restent dans le sac après le 1er tirage.

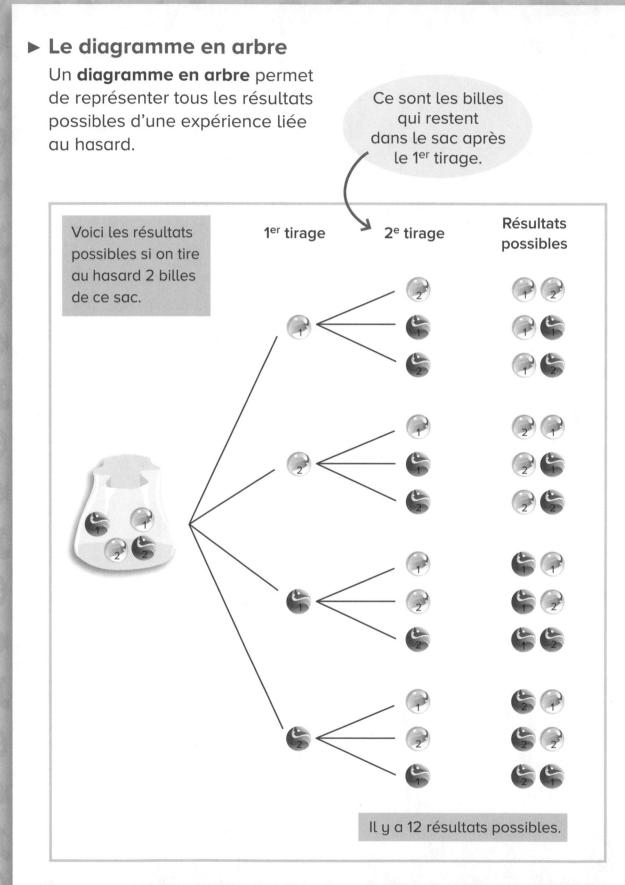

Voici les résultats possibles si on tire au hasard 2 billes de ce sac.

1er tirage

2e tirage

Résultats possibles

Il y a 12 résultats possibles.

▶ Le diagramme à bandes et le diagramme à ligne brisée

Le **diagramme à bandes** et le **diagramme à ligne brisée** servent à présenter de façon visuelle les données recueillies dans une **enquête**.

Le diagramme à ligne brisée sert plus particulièrement à présenter des données qui varient en fonction du temps, par exemple des années, des mois ou des heures.

Les 2 types de diagrammes comprennent :

- un **titre**, qui indique le sujet de l'enquête ;

- les **titres de l'axe vertical et de l'axe horizontal**, qui permettent d'organiser les données ;

- des graduations régulières de l'axe vertical, qui précisent la quantité de données recueillies ;

- pour le diagramme à bandes, des bandes bien identifiées sur l'axe horizontal ou, pour le diagramme à ligne brisée, des points reliés entre eux.

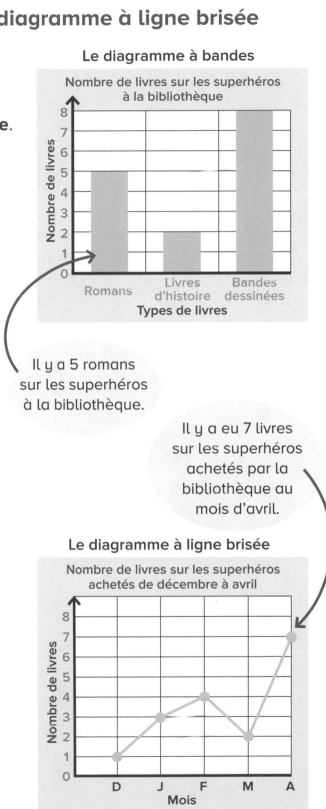

Le diagramme à bandes

Nombre de livres sur les superhéros à la bibliothèque

Il y a 5 romans sur les superhéros à la bibliothèque.

Il y a eu 7 livres sur les superhéros achetés par la bibliothèque au mois d'avril.

Le diagramme à ligne brisée

Nombre de livres sur les superhéros achetés de décembre à avril